9/07

-2

POURQUOI JE DOIS...
PROTÉGER
LA NATURE

GAMMA
CONTEXT • ÉCOLE ACTIVE

POURQUOI JE DOIS...

- Économiser l'eau
- Économiser l'énergie
- Recycler les déchets
- Protéger la nature

- Aider
- Partager
- Écouter
- Manger équilibré

Traduit par Jacques Canezza.

© Copyright 2001 Hodder Wayland
Hodder Children's Books
Titre original : *Why should I protect nature ?*

© Éditions Gamma,
60120 Bonneuil-les-Eaux, 2003,
pour l'édition française.
Dépôt légal : septembre 2003.
Bibliothèque nationale.
ISBN 2-7130-1993-1

Exclusivité au Canada :
Édition École Active
2244, rue de Rouen, Montréal,
Qué.H2K 1L5.
Dépôts légaux : septembre 2003.
Bibliothèque nationale du Québec,
Bibliothèque nationale du Canada.
ISBN 2-89069-742-8

Diffusion en Belgique :
Context S.A.
Avenue du Midi, 9
4130 Esneux

Loi n° 49-956 du 16 juillet 1949
sur les publications destinées à la jeunesse.
Imprimé en Hong Kong.

POURQUOI JE DOIS...

PROTÉGER LA NATURE

Écrit par Jen Green

et illustré par Mike Gordon

GAMMA

CONTEXT • ÉCOLE ACTIVE

La nature,
c'est le monde
sauvage qui nous
entoure, des chênes
gigantesques aux
minuscules escargots.

Les oiseaux qui gazouillent dans les arbres font partie de la nature...

ainsi que l'odeur iodée de la mer...

6

les flaques d'eau...

et le poil doux
du museau de l'âne.

8

Berk !

ou dégoûtante.

Puis, avec la classe, nous avons fait une sortie.

9

Nous sommes allés à la mer,
dans les rochers. C'était super !

Au retour, nous avons pique-niqué dans une forêt.

Nous avons tous fait
les fous. Coline et Marine
ont cassé des branches,

j'ai jeté ma
boîte de soda,

Jean a cueilli
des fleurs

et Lola
a essayé
d'écraser
une abeille.

13

Notre maîtresse, Mlle Melin, nous a dit que nous ne devions pas abîmer la nature, mais la protéger.

Protéger la nature : pour quoi faire ?

14

Elle nous a demandé :
« Que se passerait-il si tout le monde cassait des branches ? »

« Les arbres n'auraient plus de feuilles et ne grandiraient plus. Les oiseaux ne pourraient plus nicher dans leurs branches.

« Il n'y aurait plus
de fleurs,

et nous n'aurions
plus de miel pour
le petit déjeuner.

Et que se passerait-il si tout le monde jetait ses déchets n'importe où ? »

« La campagne serait couverte de papiers, de plastique et de boîtes de conserve.

Les oiseaux et les animaux pourraient se blesser ou s'étouffer, et mourir. »

21

« Alors, comment peut-on protéger la nature ? »

23

« Au lieu de cueillir des fleurs, nous pouvons en planter dans un coin du jardin.

Les papillons et les abeilles aiment les fleurs et seront attirés. »

« Nous pouvons planter
un arbre au lieu de
casser des branches.

Nous pouvons nettoyer la nature
pour qu'elle soit belle et pour
ne pas nuire aux animaux. »

Maintenant, nous protégeons la nature en nous amusant.

28

Après tout,
nous faisons,
nous aussi,
partie de
la nature !

Notes pour les parents et les éducateurs

Pourquoi je dois... Protéger la nature aborde le problème de notre environnement, que nous vivions à la ville ou à la campagne. Il présente l'idée que les hommes peuvent mettre la nature en danger, mais nous pouvons aussi la protéger. Ce livre propose un certain nombre d'activités qui montreront aux enfants comment ils peuvent participer à la protection de la nature.

Suggestions de lecture avec les enfants

En lisant le livre avec des enfants, vous éprouverez peut-être le besoin de vous arrêter pour parler de problèmes évoqués dans le texte. Les enfants voudront peut-être relire l'histoire et jouer les rôles des différents personnages. Lequel de ces personnages illustre le mieux leur propre attitude envers la nature ? Sont-ils d'accord avec les idées exprimées dans le livre ?

Ce livre présente quelques-unes des manières dont les hommes peuvent mettre la nature en danger : jeter des déchets, cueillir des fleurs et tuer des insectes. Le livre présente les conséquences de ces comportements quand ils sont généralisés. Vous pouvez introduire l'idée que la nature est également mise en danger par les déchets agricoles et industriels, mais aussi domestiques et urbains. La pollution menace l'air, l'eau et le sol.

À la fin du livre est abordée l'idée que les hommes font partie de la nature. Comme tous les animaux, nous avons besoin d'air pur, d'eau propre et d'espace vital. Les plantes et les animaux nous fournissent notre nourriture et rendent possible la vie sur Terre. Vous pouvez aborder l'idée que la nature nous est indispensable et insister sur le fait que qu'il est vital, pour cette raison, que nous apprenions à la protéger.

Aborder le problème de la protection de la nature permettra aux enfants d'entendre des mots qui leur sont peu familiers tels que habitat, agriculture, environnement, industrie, déchets, pollution, recyclage. Vous pouvez dresser une liste de ces mots et les expliquer.

Suggestions pour des activités

Les enfants ont peut-être participé à une sortie à la mer. Proposez-leur de décrire leur expérience et leurs sentiments en utilisant le livre comme guide. Demandez-leur d'écrire le récit de cette expérience ou d'imaginer une sortie à la mer ou à la campagne. Les différentes histoires peuvent être rassemblées dans un recueil.

Le livre présente quelques façons simples de participer à la protection de la nature comme ramasser des déchets et semer des fleurs. Les enfants voudront peut-être en semer dans la cour de l'école ou dans leur jardin. Vous pouvez visiter un parc pour observer la nature et enquêter sur la manière dont elle est protégée ou mise en danger. Vous pouvez aussi suggérer d'organiser localement un ramassage de déchets et de ne plus utiliser de pesticides dans le jardin. Les enfants pourront fabriquer un perchoir à oiseaux ou faire une mare en utilisant une vieille bassine. Ils auront peut-être d'autres idées sur la façon dont ils pourraient protéger la nature.

Glossaire

déchets : des restes dont on se débarrasse.

gazouiller : faire un bruit doux et léger.

gigantesque : de très grande taille.

nuire : faire du tort ou du mal à quelqu'un.